チャイルド社では、子育ての悩みごとにお答えする
Ｑ＆Ａシリーズを刊行しました。

さて、イソップ童話に、
「北風と太陽」というお話があります。

あるとき、北風と太陽が、旅人のマントを
どちらが早く脱がせることができるか力比べをします。
北風は、力いっぱいに強い風を吹きつけますが、
旅人は自分の身を守るために更に身をかがめ、
必死になって抵抗しました。
一方、太陽が旅人をゆっくりあたたかく照らすと、
旅人は自分から気持ちよくマントを脱いだ、
というお話です。

このお話に、子育てに大切な「幹」が感じられます。

厳しい行動や冷たい言葉、力づくで手っ取り早く
人や物事を動かそうとすると、かえって人はかたくなになる。
それよりも、あたたかくやさしい言葉をかけたり、
安心する状況をつくることで、
人は自分から行動するようになるというものです。

子育ては決して、むずかしくありません。
私たちの心のなかに、子どもに寄り添う
あたたかな気持ちさえあれば、小さな芽は自分の力でやさしく、
強く育っていきます。

保護者のみなさまのお力になれれば幸せです。

株式会社チャイルド社　出版・セミナー部

CONTENTS

PART 2

孫とお金

INDEX

子育て基礎知識

祖父母の孫育て

立場や役割を考えます。

あまり頼られても困るし
頼られなくても寂しい……。
孫にやさしくすれば甘すぎると言われ
手や口を出しすぎればうるさがられ……。

孫や子ども夫婦との距離感は
意外に気遣いが必要のようです。

孫の喜ぶ顔のために
祖父母ができることはなんでしょう。

「孫育て」にまつわるお悩みに
お答えします。

洗髪の苦い思い出

孫に対する祖父母の役割

- 命の大切さを教える
- 人の実相（人は年をとる・心身の機能が衰える・やがて死んでゆく）の認識
- 生き方のモデルを提供する
- 文化や伝統を伝える・知識や経験の継承
- 家庭内の葛藤の緩衝 (かんしょう)

孫に対する祖父母の立場

- 親としての役割ではない
（父母とは違い、孫とは穏やかな関係）
- 父母より時間的にゆとりがある
（経済的ゆとりがある場合も）

祖父母からみた孫の意味

- 再獲得される自己
職業生活からの引退・親の役割の終結→役割の喪失
→孫とのふれあい→自分の価値の再獲得
- 祖父母の人生の再評価（孫の世話を通して）
①自分の人生（子育て）の振り返り
　→自分の人生への肯定的な受容
②世代継承性の自覚（次世代を育む満足感）
　→人生の終わりへ近づく絶望感の払拭

良好な祖父母―孫関係のために

- 絵本は、親と子、祖父母と孫のこころの架け橋
- 危ないこと・いけないことはきちんと叱りましょう
- 見つめ・さすって・語りかけて――スキンシップを大切に
- 抱っこは情緒の安定、感覚の目覚めにプラスです
抱きぐせは心配不要
- 人見知りは発達の大切な過程。なければ要注意
- 言葉の発達は個人差が大きく、こちらから話すことが大切
（４歳過ぎてもしゃべらない場合は診断をすすめて）
- 「孫バテ」しないように　こちらの要求・状況も伝えて
- 孫育ては、自分の体力作りと健康管理

祖父母の心構え 16

- 祖父母は父親・母親ではないことを自覚して
- 孫のため自分も勉強（育児・教育の時代の変化など）して父母にアドバイスを
- 孫はほめて育てる、父母の子育てもほめる
- 孫は甘えさせて大切に育てると、人を大切に思う子に育つ
- 孫の気持ちを受け入れて、理解して対応を
- 孫も成長して大きくなります。大変な時期もいっとき
- 祖父母の家の安全対策を確認しましょう
- 家族みんなで子（孫）育てを！

初孫。何をしてあげればいい？

息子夫婦に初孫が生まれました。かわいくてたまりません。祖父母として何をしてあげたら息子夫婦に嫌がられず、喜ばれるのでしょうか。

「おじいちゃん・おばあちゃん学級」で情報収集を

「息子夫婦に嫌がられるかもしれない」と、孫とのかかわりを控える祖父母は少なくありません。しかし一方で、子育てに祖父母の手を借りたいと望んでいる若い夫婦も増えています。

率直に、してほしいことを息子夫婦に聞けたらよいのでしょうが、それができないのであれば、「何かあればいつでも声をかけて」ということを伝えつつ、その準備として「おじいちゃん・おばあちゃん学級」に行ってみてはどうでしょう。自治体や出産予定の病院などで、祖父母を対象にしたプログラムをおこなっているところも増えています。赤ちゃんのお風呂の入れ方や水分のとり方などについての最近の育児法や、今どきの子ども夫婦、孫とのかかわり方が学べたり、同じ立場同士で情報交換もできるのでおすすめです。

「ママ友」ならぬ「ジジ友」「ババ友」をつくるくらいの気楽な気持ちで参加してみてはどうでしょう。

祖父母世代の子育てと今どきの子育ての違い

自分たちの世代の「子育て」との違いを受け入れる。

だっこ	（昔）「抱きぐせ」をつけるのはよくない （今）抱っこは自己肯定感を育む。「抱きぐせ」は気にしなくてよい
授乳	（昔）３時間おきに授乳する （今）母乳の場合は、赤ちゃんが欲しがったら与える
寝かせ方	（昔）寝つきがよく、頭の形がよくなると「うつぶせ寝」が人気 （今）乳幼児突然死症候群から守るため、厚生労働省は「顔の見えるあおむけで寝かせるように」としている

「さいたま市祖父母手帳」参照

誕生日プレゼント。何がいいか悩む

まもなく孫の誕生日。これまではおもちゃや服などを贈っていましたが、成長すると使わなくなるので残念な気がしています。何か記念に残せるものを贈りたいと思うのですが、よいアイデアはありますか。

記憶に残る経験のプレゼントを

子どもはどんどん成長していきます。あっという間に服も靴も入らなくなり、興味があるものも次々に移り、広がっていきます。記念に残るような「物」を贈るのは難しいですね。

そこでおすすめしたいのは、「物」より「記憶」です。熱中できる体験を一緒にする機会をプレゼントするのです。

とはいえ、記憶はどんどん失われていくので残すことはできませんね。そこで、写真や文章などで記録を残してみましょう。スマホで撮った写真からフォトブックを作るサービスもあります。

普段の両親との生活とは異なる体験や大きな驚きは、子どもたちがこれから広い社会を生きていく中で、新たなことに挑戦する「きっかけ」にもなり、一生の宝ものとなるはずです。

記憶に残る経験のプレゼント・アイデア

映画鑑賞
孫との映画デートを誕生日の恒例に。何を観るかは孫のリクエストを第一に、親とも相談して決める。毎年パンフレットを購入すれば記念の品にもなり、成長にも気づける。

ジグゾーパズル
年齢に応じたジグゾーパズルをプレゼントし、一緒にチャレンジ。少し時間のかかるレベルにして、おしゃべりを楽しみながらじっくり取り組むのがおすすめ。

遠くの孫とのコミュニケーション方法は?

遠方に住む孫とは年に２回、盆と正月にしか会えません。写真などを送ってもらって楽しんでいますが、もっと交流したい気もします。遠くても楽しくコミュニケーションできる方法を教えてください。

ビデオ通話で、毎回クイズを出題

「ビデオ通話」はいかがでしょう？　双方にスマートフォンが必要ですが、簡単にビデオ通話ができます。

ビデオ通話では、毎回、年齢に合わせてちょっとしたクイズを出すのも楽しいです。「これなんだ？」と庭の植物や野菜などの写真を見せて名前を当てるだけの簡単なものでもいいのです。成長を感じられる機会にもなり、おすすめです。

また、元気なうちは、年に１回でも祖父母から出向くようにしてもいいのではないでしょうか。家に泊まらなくても近くの温泉に宿をとったり、みんなで外食をしたりして、気楽に訪れてはと思います。

孫とのコミュニケーションツール

これからの時代、孫とのコミュニケーションにスマホの活用は必須。スマホでできるおすすめツールを紹介する。

LINE（無料通話・メールアプリ）

グループでのメッセージのやりとりや通話が無料でできる。

Skype、FaceTime（無料ビデオ通話）

無料通話サービス。ビデオ通話も手軽にできる。

家族アルバム みてね（写真共有）

それぞれの写真や動画を共有の場所にアップし、互いにいつでも見ることができる。

孫と何をして遊べばいい？

仕事が多忙な娘の代わりに毎日、保育園のお迎えを担当しています。８時頃まで一緒に過ごすのですが、何をして遊んでやればよいのかわかりません。

夕食の準備を一緒に。手伝いは子どもにとって楽しい遊び

８時頃まで預かっているのなら、一緒に食事の準備をしてみてはいかがですか。調理は、五感をたっぷり使えるだけでなく、文化や自然、科学まで学べる貴重な機会です。自分が作れば苦手な食材もおいしく感じることもあります。

２歳児でも、野菜を洗ったり、葉ものをちぎったり、材料を混ぜたりといった簡単な作業は可能です。少しずつできることが増えれば、自信ややる気にもつながります。

台所は包丁や火があり、危険も多いので、忙しいご両親では台所の手伝いをさせることがなかなかできません。時間の余裕がある祖父母とだからできる、楽しいチャレンジになります。

子どもができる台所作業と年齢の目安

年齢	作業
1歳	・野菜や果物などを運ぶ
2歳	・テーブルを拭く　・バナナ、タマネギなどの皮を手でむく ・できた食事を運ぶ、片づける（熱いものや安定しないものは危険） ・キノコを小房にわける　・インゲンを折る
3歳	・混ぜる、こねる、丸める　・ゴマをする　・野菜を洗う ・箸や茶わんなど、決められた場所に置く ・布巾をしぼり、テーブルを拭く ・食器の片づけ、食器洗い（割れないもの、安全なもの）
4歳	・米を研ぐ　・焼く、炒める（菜箸は難しい。ターナーやトングを使用） ・みそ汁の調味　・ピーラーで皮むき（断面を平らにし、安定させて皮を引く） ・計量スプーンやカップで測る　・卵を割る
5歳	・包丁で切る（安全な使い方を教え、固くないもの）　・餃子を包む ・ごはん、みそ汁をよそう　・盛りつけ

孫を預かるときの注意点は?

娘の第二子出産にあたり、１週間ほど孫を預かることになりました。長く大人だけの生活だったので、久しぶりの育児に戸惑いがあります。最近の育児は私たちのときとは違うとも聞きますが、どんなことに注意すればよいですか。

孫の日常をシミュレーションして段取りや注意点の確認を

何より、安全に過ごせるようにすることが第一です。年齢にもよりますが、けがや誤飲、誤嚥などを避けるために、できるだけ家の中の物を片づけましょう。その際、子どもの目の高さに合わせて、家の中を点検してみることをおすすめします。

それ以外のことは、日常を知っている娘さんにしっかり話を聞きましょう。朝起きるところから子どもの生活を追って、段取りや注意点を確認していきます。まったく同じようにする必要はありませんが、母親と離れて過ごす不安や戸惑いでいっぱいの子どもが、できるだけ安定したこころを保てるよう「生活のリズム」を壊さないようにしてあげましょう。

屋内の危険個所チェックリスト

預かる前に、室内の点検を。

キッチン

- □ 炊飯器、電気ポット → 手の届かないところに置く
- □ テーブルクロス → はずしておく
- □ 流し台下などの棚（包丁や洗剤）→ 扉を開けられないようにしておく

居室

- □ コンセント → 感電防止対策をする
- □ 小物や小銭、文房具 → 小さなものは片づける。誤飲に注意する
- □ 家具の角 → クッションテープを貼る

その他

- □ 風呂場 → 浴槽に水を溜めておかない
  シャンプー等を手の届かないところに置く
- □ 洗濯機 → ふたを閉めておく。洗剤類を手の届かないところに置く
- □ ベランダ → 踏み台になるものを置かない

孫と旅行。気をつけることは?

共働きで忙しい両親に代わって、夏休みに孫を連れて旅行しようと計画しています。どんな準備が必要ですか。

無理な計画を立てないこと。親元を離れるだけでもいい経験

帰ってきてからも、みんなが元気で普段の生活に戻れるプランにすること、これが基本です。

旅行のスケジュールを早めに子ども夫婦と共有し、食事、けがや病気、迷子、そして祖父母の体力を含めて確認しましょう。

特別なプランを立てなくても、親元を離れて過ごすだけでもいい経験になります。

注意したいのは、甘やかしの原因になる「買い物」はできるだけ控えること。お土産は○個と約束をしておき、必ず守らせましょう。また、危険性のある場所や行動は最初から控えてプランを立てることをおすすめします。

孫との旅行。意識するポイント

- 祖父母にも孫にも体調や体力に無理のない計画を立てる
- がんばりすぎず、いざというときの体力を温存しておく
- 孫に社会ルールを伝える役割を意識する
- 祖父母（年配者）へのいたわりの気持ちを育むことも大切にする

孫のしつけで息子と対立

幼くても、あいさつや行儀などはきちんとしつけるべきだと考えています。息子家族がわが家に遊びに来た際、あいさつをしなかった孫を叱ったら、息子に「お父さんは厳しすぎる」と言われてしまいました。

あいさつや行儀の手本になることを意識して

子どもは周囲のいろいろな人々や関係性から、大人が思うよりもはるかに見て学んでいます。祖父母の立場としては、直接叱るのではなく、孫の前であいさつや行儀のよい行動を意識的におこない、手本となるよう心がけるのがよいでしょう。例えば一緒に散歩に出たときなどには、普段より意識して周囲の人にあいさつをするようにします。

ただし、叱るべきタイミングもあります。それは、危険なときです。危険な行動にはすぐに両手を取り、目を合わせて叱りましょう。

なお、親は子どもが叱られると、自分のしつけが非難されているように感じるときがあるようです。その気持ちも理解してあげてください。

孫へのしつけルール

親と祖父母の規準をそろえておく

- 基本的に親の考えを尊重する
- 異なるしつけは孫が混乱するだけ、という認識をもつ

「ママにはナイショ」「今日だけだよ」はＮＧ

- 親の努力が無駄になるような言語・行為は避ける

叱るべきは危険なとき

- 祖父母はしつけの手本役と心得る
- 危険なときは躊躇せず叱る

PART 1

甘すぎると娘に叱られた

年に１回、夏休みに遊びに来る孫。久しぶりに会う孫がかわいくて、つい好きなだけお菓子を食べさせたり、おもちゃを買ってやったりと甘やかしてしまいます。娘には叱られますが、たまのことだからよいのでは？

祖父母だからこそできる相手役に

孫が喜ぶ姿が見たい、ちょっとしたお金で孫の喜ぶ顔が見られるのはうれしいですね。年に一度くらい甘やかしてもいいじゃないか、という気持ちは多くの祖父母にとって共通のものでしょう。

しかし子どもは、自分の行動とそれに対する大人の対応を非常によく見て学習しています。帰ってから苦労するのはあなたの娘・息子です。

では、どうするのがよいのでしょう？

例えば、お菓子やおもちゃを「買い与える」のではなく、一緒に作ってみてはいかがでしょう。祖父母と過ごす夏休みだからこそできる体験を提供するのです。

年に一度くらいだからこそ、少しがんばってお孫さんの尊敬を勝ち取りましょう。

孫と楽しみたい手作りお菓子

子どもの小さな手が大活躍するレシピ。

じゃがいもだんご

<材料>（16個分）
じゃがいも……２個
片栗粉……大さじ４
小麦粉……大さじ１
塩………………少々

<作り方>
❶ じゃがいもを適当な大きさに切り、茹でてやわらかくし、粗熱をとる。
❷ ①と片栗粉、小麦粉、塩を入れてつぶしながらよく混ぜる。
❸ 袋から取り出し、ピンポン玉くらいの大きさに丸める。
❹ ③を２分ほど茹で、ザルにあげ、器にもる。
❺ きなこや甘辛しょう油など、おこのみのたれをかける。

もっと気軽に孫を預けてほしい

結婚式や同窓会などで出かけるときなど、気楽に孫を預けてほしいのですが、嫁は自分の実家に頼るばかりです。「預かるよ」と伝えても預けてもらえません。寂しいのと腹立たしいのと複雑な心境です。

息子夫婦、特にお嫁さんと信頼関係を築く努力を

おそらくお嫁さんは、子育ての迷いや悩みを普段から実母と共有しているのでしょう。

子育ての悩みは夫の両親にはなかなか相談しにくいものですから、自分たちから子育ての苦労をいたわり、共感するようにしましょう。まずそれが第一歩です。

その上で苦労を肩代わりできると決意ができれば、「孫を預かる」が出発できるのではないでしょうか。育児方針は両親が決め、それを尊重し、従うのは言うまでもありません。

預かるときは孫のためになるイベントを企画してもいいですね。博物館、子ども料理教室、果物狩り、ハイキングなど、忙しい両親が連れていきにくいものを探しましょう。子どもの興味を深め広げていく体験は将来の学習意欲につながります。

祖父母の努力の積み重ねは信頼につながります。そのうちに預かることが当たり前になっているのではないでしょうか。

祖父母との関係データ　その１

住宅メーカーがおこなっている「祖父母との関係」データより。

祖父母との親密度

「どの祖父母と一番親しいか」のデータ。母方の母（祖母）と近い関係になる傾向はいつの時代も変わらない。

	父方の祖父	父方の祖母	母方の祖父	母方の祖母
別居	8.1	21.4	13.3	57.3

旭化成ホームズ　二世帯住宅研究所　調査データ

孫を預かりたくない

娘夫婦は「夫婦で出かけたいから」としばしば孫を預けにきます。２歳のやんちゃ盛りで目が離せず、１日中一緒にいるととても疲れます。うまく断るにはどうしたらいいでしょう。

預かるのは１か月に何回までと具体的な約束を

子どもを預かることは命を預かることであり、責任もあります。２歳児はまだまだ危険がわかっておらず目が離せませんから、疲れるのは当然ですね。納得できないまま預かっていると疲労感はますます強くなります。

これからも長いつき合いが続くことを考えれば、表面をとりつくろって「うまく断る」より、きちんと話をしたほうがよいでしょう。１日預かるのは月に何回までとか、１日何時間までにしてほしいと、具体的に伝えてみてはいかがですか。

それも伝えにくいということでしたら、体調不良がいちばんの断り文句です。いつも娘さんの都合に合わせず、ときにはじょうずに断ることがあってもよいのではないでしょうか。

祖父母との関係データ　その２

住宅メーカーがおこなっている「祖父母との関係」データより。

祖父母と会う頻度

べったり同居、二世帯同居、別居と居住距離が離れていくにつれて、会う・会わないの頻度に大きな差が生まれている。

べったり同居　97.3　0.0　0.4　1.5　0.4　0.0　0.4

二世帯同居　83.2　11.5　3.2　1.4　0.5　0.2　0.0

別居　0.3　2.2　14.7　33.5　40.6　8.3　0.3

□ほとんど毎日　□週に２、３回くらい　□週に１回くらい　□月に１回くらい　□年に数回　□月に１回くらい　■ほとんどない

旭化成ホームズ　二世帯住宅研究所　調査データ

同居の孫がしたってくれるのは うれしいが…

同居の孫は、「おじじがいい」といつも私の部屋に来ます。何かと言うと「おじじがいい」で、息子や嫁が嫌な思いをしているのではと気になります。

過度に甘やかしているのでなければ気にしなくてもいい

一度振り返ってみてください。孫がしたってくるのは、親が禁止していることを許していたり、甘やかしていたりするからではありませんか。そうでないのであれば、何も気にする必要はないと思います。

それでも気になる、ということなら、よい方法があります。それは、あなたがお孫さんに、息子さんとお嫁さんをほめる言葉をいっぱいかけること。そして、息子さんとお嫁さんには子どものことをたくさんほめることです。そうすれば息子さんもお嫁さんも、自分の子どもが祖父の部屋にいくことに嫌な思いを抱くことはないはずです。

みんなが慕い合う素敵な家族になるのではないでしょうか。

祖父母への気持ち「うれしいこと」「気遣いがほしいこと」

さいたま市祖父母手帳に掲載されている、親側の祖父母への気持ちより。

うれしいこと

- 急な残業のとき、預かってくれる
- よく遊んでくれる
- 子どもの個性を認めてくれる
- 成長を一緒に喜んでもらえる
- 子どもを見てるから、夫婦で出かけていいよと言ってくれる　など

気遣いがほしいこと

- 子育てに口出ししてくる
- 育児の仕方を批判する
- 昔の知識で孫に接する
- 勝手にお菓子などを買い与える　など

PART 1

保育園に行く孫が不憫

娘の仕事が決まり、孫は保育園に預けられることになりました。３歳までは親元で育てるべきだと思い、うちで預かろうかと提案しましたが断られました。ずっと保育園だと、幼稚園のような教育が受けられないのではと心配です。

幼稚園も保育園も「教育」の場。プロに任せて

働くことは娘さんが社会の中で役立ち、その対価を得ることです。自分たちの将来の計画を考え、娘さんご夫婦が選ばれたことだと思います。それを応援してあげてはいかがですか。

また、教育についてもまったく心配はありません。今は、幼稚園も保育園もその役割に「教育」をかかげ、それぞれの先生たちが子どもの専門家として、集団生活の中でさまざまな経験をさせてくれます。

子どもにとって「保育園に通っている『自分はかわいそう』」だと思わされて育つことで得るよい影響は何もありません。今、がんばっている娘さん夫婦、そしてお孫さんを応援してあげてください。

幼稚園・保育所・認定こども園の役割

歴史的な背景もあり施設の形態は異なるが、現在では、どの施設においても「教育」が大事な役割となっている。それぞれの施設における法令から、「教育」にかかわる文章の一部を紹介する。

幼稚園教育要領

（前略）幼稚園教育は、学校教育法に規定する目的及び目標を達成するため、幼児期の特性を踏まえ、環境を通して行うものであることを基本とする。

保育所保育指針

（前略）保育に関する専門性を有する職員が、家庭との緊密な連携の下に、子どもの状況や発達過程を踏まえ、保育所における環境を通して、養護及び教育を一体的に行うことを特性としている。

認定こども園保育・教育要領

（前略）保育教諭等は、園児との信頼関係を十分に築き、園児が自ら安心して環境にかかわりその活動が豊かに展開されるよう環境を整え、園児と共によりよい教育及び保育の環境を創造するように努めるものとする。

ブレイクタイム

どこに？

やまと 運動会、じいじがビデオ撮りに来てくれるって

じいじありがと♥

オッケーまかせておけ！

はっはっはっ

やまとーがんばれー

えっと…たしか青いくつ下…**あ！いたいた♪**

運動会のビデオみんなでみよう

やったー

はっはっはっ

あれ…やまとは？

ボクうつってない

えっ！青いくつ下の子じゃないの…

●やまとくんママ
子育てのモットーは「元気が一番！」。でも、パワフルな息子に日々振りまわされている。

●やまとくん（4歳）
心やさしいガキ大将。体を動かすのが大好きで、ときにやんちゃがすぎることも。ヒーローごっこと虫に夢中。

●やまとくんパパ
子どもたちに柔道を教えている。

●やまとくんじいじ
元気系じいじ。やまとくんを喜ばせようと努力している。

Message

家族みんなで孫との時間を楽しみましょう

Message

祖父母との時間は孫の社会経験を広げるチャンスです

みんなにこんにちは

●かんごくんじいじ
かんごくんとお風呂に入ったり散歩に行くのが楽しみ。

●かんごくん（2歳）
おっとりと静かだが、ときに予想外の行動も。自分の好きなものに対しては独自のこだわりがある。お絵描きが好き。

孫とお金

Q 1

誕生日、お年玉、金額の規準は

祖父母として、孫の生活をできるだけ応援していきたいと思っています。お金を贈るとして、誕生日やお年玉の金額の目安が知りたいです。

年齢に応じた金額を

年齢に合った世間一般的な金額が妥当です。が、「世間一般的な金額」というのが難しいところですね。下記に、「金額の目安」を紹介するので参考にしてください。

なお、常識の範囲を超える金額になると、祖父母から孫に対するお祝い金等でも贈与税が課税されることがあります。数年分のお祝い金等をまとめて贈与したり、受贈した金品を預貯金等としている場合にも贈与税が課税される場合があるので注意が必要です。

孫へのおこづかい相場

絶対的な数値はなく、祖父母の収入や孫の数、それぞれの考え方で異なる。迷う場合は、本やネットによる「目安」や「計算式」を参考にするのもよい。

お年玉の目安

年齢	金額
0～6歳	1000～ 3000円
6～15歳	3000～ 5000円
15歳～	5000～10000円

お年玉計算式

年齢と金額の関係から、相場を割り出す方法

年齢÷2×1,000（円）

孫とお金

PART 2

孫のお祝い。どっちのしきたりが優先?

嫁の実家は名古屋。わが家は代々東北で、孫へのお祝いの仕方が異なるようです。どちらのしきたりにのっとれば角が立ちませんか？

息子さん夫婦とも相談しながら進めること

父親側のしきたりに合わせるほうが一般的です。とはいえ、一方的に押しつけると角が立つこともあります。また、金銭面など、無理をしてしきたりに沿う必要もありません。

お宮参り、百日御祝い、1歳の誕生日、節句など、それぞれのタイミングで息子さん夫婦の気持ちを聞いたり、息子さん夫婦を通して相手の両親とも打ち合わせたりしながら、進めるのがよいのではないでしょうか。

七五三までの祝いごと

帯祝い

妊娠5か月目の戌(いぬ)の日に安産を祈願して妊婦の下腹部に腹帯（岩田帯）を巻く儀式。母親側の親が岩田帯を贈る。

宮参り

無事の出産を感謝し、無病息災にて成育することを祈願する。正式には父親側の祖母が白羽二重の内着をつけた子を抱き、その上から出産祝いの祝い着を掛けた姿で、母親を伴って土地の氏神さまに詣でる。近年は父親も同伴したり、両家の家族が揃って詣でるなど多様化している。

七五三

3歳(男児・女児／髪置きの祝い)、5歳（男児／袴着の祝い)、7歳（女児／帯解の祝い）に、今後の成長を願い土地の氏神さまに詣でる。神社への謝礼は子どもの親がおこなう。

出産祝い

無事な出産を祝って、母親側の親が「御初着」を贈る。

初誕生祝

一年の無事を祝う。内輪の祝宴を開くことも多い。

初節句

女児は3月3日「上巳の節句(桃の節句・ひなまつり)」に、男児は5月5日の「端午の節句(菖蒲の節句)」に内輪でお祝いする。女児には「ひな飾り」を、男児には「武者飾り」や「こいのぼり」を母親側の親から贈る。ただし、地方によっては父親側から贈る場合もあり、また、近年は、双方で話し合って取り決めることも多い。

Q 3

孫名義の通帳を作り貯金。
税金はかからない？

二十歳になったら渡そうと、孫名義の通帳にちょこちょこ入金をしています。少しずつなら税金はかからないと聞いて始めたのですが、注意点はありますか？

金額によっては課税されます

祖父母が孫名義の預金通帳に少しずつ貯金していても、その預金通帳を祖父母が所有している段階では、その預金は祖父母（貯金した人）が所有する財産であり祖父母の名義預金になります。ですからその通帳を、孫が 20 歳になったときに渡す（贈与する）と、その渡した年の通帳の預貯金残高に対して孫に贈与税が課税されます。

それを避けたいなら、預金通帳・印鑑等を孫に渡して、孫がいつでも自分の意思で使える状態にしておく必要があります。この場合、孫が未成年者（特に低年齢）であれば、その親権者である親に通帳・印鑑等を預ける必要があります。

なお、贈与税の基礎控除は、受贈者一人当たりについて年額 110 万円ですので、複数の親族等から贈与される場合には、その合計額で判断することになります。

孫名義の口座の作り方

近年、本人以外の名義の通帳をつくることが難しくなっている。詳細は銀行によって異なるため、事前に銀行に確認を。

必要書類

- 親の免許証
- 子ども（孫）の身分証明書（健康保険証など）
- 親子関係のわかる書類（母子手帳、住民票等）
- 印鑑（できれば、孫専用のものを用意）
- お金（最初に入金する額）

注意点

- 原則、親権者である親と孫と一緒に窓口にいく必要がある
- 孫の身分証明書は健康保険証がよい（親子の関係も証明できる）
- 自分が口座をもっている支店がよい（異なる場合、理由を尋ねられることがある）
- 口座開設の理由を尋ねられるので、理由を準備しておく

孫とお金

PART 2

財産を孫に譲る場合の注意点は?

まとまった財産があり、生きているうちに孫に譲りたいと考えています。注意点を教えてください。

孫への生前贈与はトラブルも多いので注意が必要

相続税と贈与税の最高税率はいずれも55%ですが、各税目の基礎控除額の異同あるいは税額負担者が複数・単数となることにより、相続税よりも贈与税の税額の負担が高くなります。通常、本来の相続人である子が存命であれば孫には相続権はないので、どうしても孫に祖父母の財産を継承させたいときは、税額が割高であることを踏まえて生前贈与をおこなうことになります。遺言書を作成すれば、祖父母から孫に対して財産を承継させることができますが、これは相続ではなく遺贈になりますので、遺贈を受けた孫は、通常の相続人より2割高い相続税が課税されます。

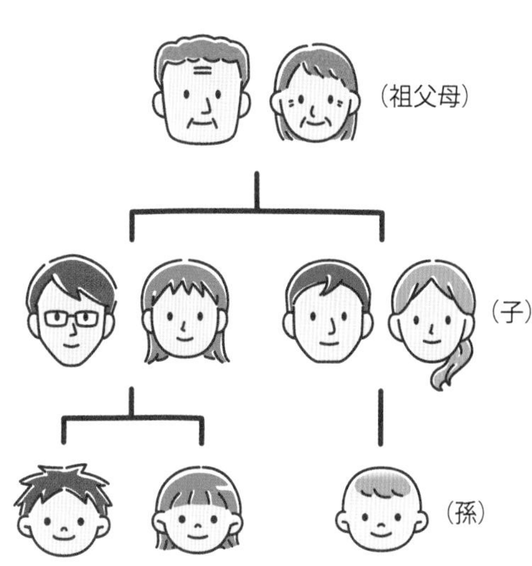

なお、特定の子や孫に生前贈与をおこなうことは、将来、トラブルを生む原因になることもあるので、ご注意ください。

相続と贈与の違い

相続	贈与
被相続人の死亡によって財産を引き継ぐこと	贈与者が、生きているうちに財産を与えること

違い

- それぞれに税金がかかるが、税率が異なる
- 贈与税は、課税金額、税率ともに相続税より高いが、人と時期を分けることにより節税が可能となる

孫とお金

Q 5

教育資金の贈与について詳しく知りたい

孫への教育資金の贈与が1500万円まで非課税になると聞きました。詳しく知りたいです。

一定の条件下においては贈与税が課税されない

30歳未満の人が直系尊属から教育資金に充てる資金等を贈与された場合には、一定の条件を満たす場合、その資金等のうち1,500万円（学校等以外への支払いは500万円）までは贈与税が課税されません。

一定の条件とは次の通りです。

① 直系尊属*が信託会社と一定の契約をした信託受益権を取得した場合

② 直系尊属から書面による贈与により取得した金銭を一定の契約に基づき銀行等に預金した場合

③ 一定の契約に基づき直系尊属から書面による贈与により取得した金銭で証券会社から有価証券を購入した場合

なお、30歳に達したときに資金等の管理は終了するが、教育資金として受領した金額に残額がある場合は、その残額に対してその年の贈与税が課税されます。

＊直系尊属とは、孫を中心として父祖の世代のこと

贈与の課税価格と税率

基礎控除（110万円）後の課税価格	一般		20歳以上の者への直系尊属からの贈与	
	税率	控除額	税率	控除額
200万円以下	10%	—	10%	—
300万円以下	15%	10万円	15%	10万円
400万円以下	20%	25万円	15%	10万円
600万円以下	30%	65万円	20%	30万円
1,000万円以下	40%	125万円	30%	90万円
1,500万円以下	45%	175万円	40%	190万円
3,000万円以下	50%	250万円	45%	265万円
4,500万円以下	55%	400万円	50%	415万円
4,500万円超			55%	640万円

（注）年令は1月1日現在

孫とお金

6

PART 2

孫への贈与を要求され悩む

娘から、孫への贈与を相談されました。教育資金の贈与が非課税と知っての相談のようです。裕福ではないものの、それなりに蓄えはありますが、簡単に渡すのもどうかと。娘夫婦は共働きで、ある程度の収入はあります。

理解し納得したたうえで贈与の検討を

「教育資金の一括贈与（非課税）」は、その資金を取扱金融機関に預ける必要があり、さらにその資金を払い受ける場合には、教育資金の支払いに充てた金銭にかかわる領収書その他の書類を取扱金融機関に提出する必要があります。ですから、教育資金以外の目的で、勝手に使うことはできません。とはいえ、不本意なまま渡すのも問題です。

この場合、自分たちの今の財産、娘夫婦の財産（収入）を明らかにして、孫にかかわる支出などの将来設計を一緒に検討することをおすすめします。その結果として、なるべく税金のかからない有効な贈与、みなが納得する方法を考えることが必要でしょう。

非課税となる贈与の方法と額

贈与が非課税となる方法はいくつかあるが、変更や注意点も多く、専門家に相談するのが望ましい。

基礎控除

贈与を受けた額が年間 110 万円以下

住宅取得資金贈与

住宅の購入資金を、親や祖父母から贈与してもらう場合。条件によって最大 3,000 万円まで

結婚子育て資金贈与

20～49 歳までの子どもや孫の結婚・子育て資金が 1,000 万円（結婚資金は 300 万円）まで

相続時精算課税

60 歳以上の親か祖父母から 20 歳以上の子どもまたは孫への贈与が 2,500 万円まで

教育資金贈与

30 歳未満の子どもや孫に対する教育資金（入学金・授業料など）が 1,500 万円まで

※平成 31 年 3 月 31 日までの期間限定措置

Q 7

孫に、使途に制約のない贈与をしたいがどうしたら?

教育資金への贈与ではなく、使途を制約しない贈与をしたいと考えています。どのようにすれば無駄なく贈与ができますか?

110 万円以下の贈与であれば使途に制約はない

贈与税の基礎控除額 110 万円以下の金銭を贈与するのであれば、その使途に制約はありません。ただし、Q 3 (p. 24) で説明した内容に注意が必要です。

贈与税の基礎控除 110 万円を適用する制度は「暦年課税」と呼んでいます。

この制度とは別に「相続時精算課税制度」というものがあり、基礎控除 110 万円に代えて特別控除 2,500 万円までは、使途に制限なく自由に使うことができます。ただし、この制度は、贈与者及び受贈者を税務署に登録して税務署が管理することになります。この登録をおこなうと、途中で「やめます」ということができません。

「相続時精算課税制度」のメリットとデメリット

メリット

- 2500 万円まで課税されない
- 2500 万円を超えても暦年課税より税額を低くおさえられる（一律 20%）
- 相続時に値上がりしても贈与時の価値で計算される
- 相続のトラブル防止になる可能性もある

デメリット

- 申告が必要で手間がかかる
- 一度選択すると、暦年課税に戻せない
- 贈与税はかからないが、相続時に相続税がかかる
- 登録免許税と不動産取得税が相続より高くなる

できるだけ財産を目減りさせず、相続するには?

事業に成功し、ひと財産築きました。相続の際、できるだけ財産を目減りさせたくないと思っていたら、財産を孫に譲ると相続税が安く済むと聞きました。具体的にはどういうことですか。

「一代飛ばし」と、孫との「養子縁組」という方法がある

孫に財産を譲ると相続税が安く済む方法は「一代飛ばし」といいます。親（祖父母）の財産を通常相続する子を飛ばして、その子（孫）に相続させると、その財産は、親の相続税と子の相続税のうち、子の相続税1回分が掛からなくて済むためです。

通常は子が相続人であり孫は相続人になりませんが、親（祖父母）と孫が養子縁組をすることで、戸籍上はその孫も子となり相続人となります。税法上は税額計算等に制限がありますが、民法上の相続権はありますので、財産を孫が相続することができます。あるいは、祖父母（戸籍上は親）が遺言書を作成して孫に財産を相続させることができます。

いずれの場合も「一代飛ばし」をすることはできますが、その孫が負担する相続税は、相続人である子よりも2割高い税金となります。

一代飛ばしとは

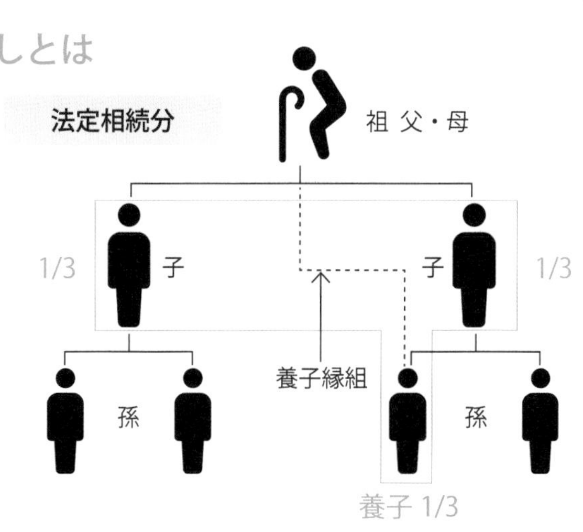

ブレイク
タイム

Message

「一緒に遊ぶ」が
何よりのプレゼント

ばあばのお話

●みゆちゃんママ
アイドル好きのキャピキャピママ。2人の娘とは、「友だち親子」。

●みゆちゃん（3歳）
明るくて積極的な、甘え上手のおませさん。好き嫌いがはっきりしている。ぬいぐるみとままごと遊びがお気に入り。

●みゆちゃんばあば
沖縄出身のなごみ系ばあば。孫が6人いる。

●**やまとくんばあば**
やまとくんに甘く、息子のやまとくんパパにいつも注意されている。

こまるわー

Message

孫育てはやさしくあたたかく。でも、危険には厳しく

スタッフ

監修　柴田豊幸
執筆　柴田豊幸・山下民子・糸山 徹
漫画　古屋昌子（チャイルド社）
イラスト　鈴木穂奈実（チャイルド社）
デザイン　ベラビスタスタジオ
編集協力　こんぺいとぷらねっと

チャイルドQ＆Aシリーズ
子育て困った！ にお答えします
祖父母の孫育て

発行日　2019年1月15日　初版
発行人　柴田豊幸
発　行　株式会社チャイルド社
〒167-0052　東京都杉並区南荻窪4丁目39番11号

ISBN978-4-925258-25-8